GUÍA DE LECTURA

Escrita por Dominique Coutant-Defer
Traducida por Laura Bernal Martín

Matilda

de Roald Dahl

Entiende fácilmente la literatura con

Resumen Express.com

www.resumenexpress.com

ROALD DAHL

ESCRITOR BRITÁNICO

- **Nacido en 1916 en Gales**
- **Fallecido en 1990 en Londres**
- **Algunas de sus obras:**
  - *Charlie y la fábrica de chocolate* (1964), novela
  - *Las brujas* (1983), novela
  - *Matilda* (1988), novela

Roald Dahl, de ascendencia noruega, nació en 1916 en Gales. Trabajó en África en una compañía petrolera, y más tarde se alistó a la Real Fuerza Aérea durante la Segunda Guerra Mundial. Primero escribió relatos y novelas para adultos y, tras convertirse en padre, se lanzó a la literatura juvenil. Hoy en día es considerado el escritor para niños más querido en el mundo. Sus novelas *Charlie y la fábrica de chocolate*, *Matilda* y *Las brujas* cosecharon un gran éxito y muchas de sus obras se han llevado a la gran pantalla.

Falleció en 1990. Desde entonces, Gran Bretaña organiza cada 13 de septiembre, día de su nacimiento, el «día de Roald Dahl».

MATILDA

UN CLÁSICO DE LA LITERATURA JUVENIL

- **Género**: novela juvenil
- **Edición de referencia**: Dahl, Roald. 1989. *Matilda*. Ilustrado por Quentin Blake. Traducido por Pedro Barbadillo. Madrid: Alfaguara
- **Primera edición**: 1988
- **Temáticas**: dones, amistad, solidaridad, infancia, venganza, inteligencia

La novela para niños *Matilda* fue publicada en 1988. La historia narra la vida de una niña inglesa curiosa y superdotada, por la que sus padres, mediocres y groseros, no se preocupan y de los que se desquita cuando tiene la ocasión. Además, Matilda tiene poderes telequinéticos, con los que ayuda a su institutriz, la dulce señorita Honey, a luchar contra la temible directora de la escuela, la señorita Trunchbull. Esta última es la tía de la señorita Honey y ha expoliado su herencia. La novela nos presenta el entorno en el que vive Matilda, dividido entre su hogar, presidido por la televisión, y la escuela, dirigida con mano de hierro por la temible señorita Trunchbull.

RESUMEN

UNA NIÑA TRAVIESA

Matilda Wormwood es una niña inglesa de 4 años considerada por sus padres, que no se preocupan por ella, «una postilla» (Dahl 1989, cap. *La lectora de libros*). Dotada de una inteligencia prodigiosa, ha aprendido sola a leer y va todos los días a la biblioteca sin que su familia lo sepa. La bibliotecaria, asombrada al verla devorar grandes obras, le propone llevarse libros prestados a casa. Por la tarde, sola, la niña «naveg[a] [...] con Joseph Conrad [escritor inglés, 1857-1924] [...] va a África con Ernest Hemingway [escritor americano, 1899-1961] y a la India con Rudyard Kipling [escritor inglés, 1865-1936]» (*ib.*). Por desgracia, sus padres no cuentan con su misma inteligencia y no la entienden. Más tarde, es reprendida por pedir permiso para retirarse a su habitación a leer, tarea que sus padres desdeñan puesto que prefieren la televisión. Matilda lamenta la necedad y la mediocridad de su familia.

Una tarde, el señor Wormwood, harto de ver a su hija ocupada con la lectura, le rompe su libro. Para vengarse, ella le pide a su amigo Fred que le preste su loro y lo esconde en la chimenea. Cuando este repite las únicas palabras que conoce: «¡Hola, hola, hola!» (Dahl 1989, cap. *El fantasma*), la familia, aterrada, cree que hay ladrones. Matilda consigue que salgan a toda prisa de casa al afirmar que es un fantasma y que ella ya lo había oído más veces.

El padre de Matilda, vendedor de coches de segunda mano

robados, se pavonea delante de su hija y de su hermano Mike de la manera en la que manipula los vehículos que vende, sobre todo reduciendo el kilometraje. La niña se muestra horrorizada ante su falta de honradez y decide jugarle una mala pasada. A la mañana siguiente, embadurna el sombrero de su padre con un pegamento muy fuerte, lo que hace que no se lo pueda quitar hasta que su mujer se lo corta, arrancándole de paso algunos mechones de pelo: su padre tiene ahora aspecto de fraile y está ridículo. Matilda se muestra encantada.

Una tarde, el padre le pide a su hijo, al que quiere, más adelante, convertir en su socio, que anote los beneficios del día. Matilda se encarga, por su parte, de hacer el cálculo mentalmente, lo que desata la ira de su padre. Para vengarse, la niña mezcla su loción capilar con el tinte rubio platino de su madre: el pelo negro azabache del hombre es ahora del color del dinero viejo amarillento. Matilda insinúa que su padre seguramente se ha equivocado de frasco. El señor Wormwood decide volverse a teñir el pelo. Su mujer le advierte de que puede que se le caiga, ya que el producto, utilizado en estado puro, es extremadamente fuerte.

LA ESCUELA

Matilda acude por primera vez a la escuela. Su institutriz, la dulce señorita Honey, advierte a los alumnos de la temible señorita Trunchbull, su pariente y la directora de la escuela, que puede «puede hacer[les] papilla» (Dahl 1989, cap. *La señorita Honey*). Durante un recreo, la directora agarra por las trenzas a una niña y la lanza por los aires porque no le gustaba su peinado. Otro día, la directora obliga al pobre Bruce, al que llama «pústula venenosa» (Dahl 1989, cap. *Bruce Bogtrotter y la tarta*), a comerse una enorme tarta de chocolate, acusado de haber robado un trozo el día anterior. La directora espera que le siente mal, pero el niño se come valientemente toda la tarta, animado por los vivas de sus compañeros, lo que provoca la cólera y la vergüenza de la sádica directora. Los padres de los niños maltratados temen la ira de la señorita Trunchbull y ninguno se atreve a quejarse.

Matilda sorprende enseguida a todos al responder sin fallar a todas las preguntas de cálculo y de lectura. Por ello, la señorita Honey decide que, para que no se aburra, la niña podrá dedicarse de ahora en adelante a leer durante las clases. En el recreo, la señorita Honey va a hablar con la temible directora sobre el don de Matilda. La señorita Trunchbull dice que aprecia al padre de la niña, puesto que le ha vendido un coche hace poco y además le ha advertido contra su hija, a la que, de repente, acusa de haber tirado una bomba fétida en su despacho. Las quejas de la institutriz caen en saco roto.

La señorita Honey decide entonces ir a casa de los padres de la niña para hablarles de la excepcional inteligencia de su hija. El señor Wormwood la recibe malhumoradamente porque ha interrumpido la telenovela que esta viendo. Cuando la institutriz menciona el gusto de la niña por la lectura, el señor Wormwood responde: «Uno no puede labrarse un futuro sentado sobre el trasero y leyendo libros de cuentos» (Dahl 1989, cap. *Los padres*). Viendo que sus argumentos no sirven para nada y sintiendo repugnancia, la joven profesora se marcha.

EL DESCUBRIMIENTO DE UN PODER

Poco a poco, los alumnos intentan vengarse de la humillación a la que la señorita Trunchbull les somete y se aprovechan del hecho de que esta se hace cargo de la clase de la señorita Honey una vez a la semana. El día anterior, la pequeña Lavender, amiga de Matilda, había colocado una salamandra en la jarra de agua de la directora, y esta no se ha dado cuenta. Comienza la clase y hace preguntas a los niños, castigándolos con severidad cada vez que se confunden a pesar de las protestas de la señorita Honey. Cuando le llega el turno a Matilda, le reprocha que su padre le haya vendido un coche que se ha averiado en una semana. Después de afirmar que la escuela perfecta sería aquella en la que no hubiera niños, la señorita Trunchbull tiene sed, pero cuando se sirve agua la salamandra se desliza y acaba en su vaso. Aterrorizada, acusa a Matilda. Esta protesta e, invadida de repente por «una sensación de poder, una sensación de gran fuerza» (Dahl 1989, cap. *El primer milagro*), consigue hacer que la salamandra salte sobre la señorita Trunchbull que, paralizada de ira, abandona la clase. Descubre así sus poderes telequinéticos (facultad para mover objetos a distancia con el poder de la mente).

Después de la clase, Matilda le explica a su institutriz el poder que acaba de descubrir. La señorita Honey le pida que vuelva a hacerlo, y vuelve a funcionar, dejando a la joven profesora con la boca abierta. Invita a la niña a su casa y le pide a Matilda que sea prudente con sus misteriosos poderes. Cuando llega a la minúscula casa de la señorita Honey, Matilda se da cuenta de su pobreza. La institutriz le explica entonces su desgracia: su salario es transferido a su tía, que la crió tras la muerte de su padre y que expolió su herencia. Este familiar no es otro que la señorita Trunchbull.

La niña promete que no le contará a nadie la historia y vuelve a casa de sus padres. Antes de irse, le pregunta los nombres de los personajes de la triste historia: Magnus, el padre fallecido; Agatha, el nombre de la señorita Trunchbull, y Jenny, el de la señorita Honey.

La niña practica durante varios días su nuevo poder con un puro de su padre. El jueves siguiente, durante la clase de la señorita Trunchbull, Matilda logra que la tiza escriba en la pizarra: «Agatha, soy Magnus, [...] devuélvele a Jenny su casa» (Dahl 1989, cap. *El tercer milagro*). Seguidamente, el mensaje amenaza de muerte a la directora en caso de que no lo cumpla. La mujer se desmaya. Después, la señorita Trunchbull desaparece misteriosamente del pueblo y le devuelve todos sus bienes a la señorita Honey, que se instala en una preciosa casa que a partir de ahora le pertenece. Recibe la visita diaria de Matilda, que ha perdido sus poderes, puesto que dedica ahora su energía mental a la asimilación de los conocimientos que aprende en la clase de los mayores, en la que ha sido admitida.

Un día, el padre de Matilda es acusado del robo de los coches que vende y la familia de Matilda debe marcharse precipitadamente de Inglaterra. Sin embargo, la niña desea quedarse con la señorita Honey. «¿Por qué no la dejamos,

si es eso lo que quiere?» (Dahl 1989, cap. *Un nuevo hogar*),
dice la madre.

ESTUDIO DE LOS PERSONAJES

MATILDA

Matilda Wormwood tiene 4 años cuando empieza la historia. Es una «chiquilla de pelo oscuro» (Dahl 1989, cap. *La lectora de libros*) que a la edad de un año y medio ya sabía hablar a la perfección y que a los 3 años había aprendido a leer ella sola. Desde entonces, devora a escondidas los grandes autores en la biblioteca. A sus padres les parece que la lectura es una ocupación inútil, una pérdida de tiempo. En cuanto a ella, los desprecia y los juzga mediocres y deshonestos, siempre plantados delante de la televisión. Además, rechazan a su hija por no querer conformarse con su modo de vida. Por ejemplo, se niegan a comprarle libros, asegurando que su maravillosa televisión puede reemplazarlos con suficiencia. Para desquitarse, Matilda les juega malas pasadas, al hacerles creer, por ejemplo, que hay un fantasma en casa o al embadurnar de pegamento el sombrero de su padre. A los 5 años, descubre sus poderes mentales, que le permiten mover objetos a distancia. Gracias a ellos conseguirá hacer que la temible señorita Trunchbull ponga pies en polvorosa.

LA SEÑORITA HONEY

La señorita Honey («miel» en inglés) es la institutriz de la escuela del pueblo y hace honor a su nombre: es dulce, discreta y nunca levanta la voz. Apenas sonríe y, sin embargo, tiene el excepcional don de hacerse querer por todos los alumnos. Tiene poco más de 20 años, «un bonito rostro ovalado pálido de madonna, con ojos azules» (Dahl 1989, cap. *La señorita Honey*) y un físico acorde a su personalidad. Es tan delgada y frágil que da la impresión de que si se cayera se rompería en mil pedazos. Matilda le tiene mucho cariño e incluso escribe un cuarteto en su honor. Este sentimiento es mutuo, y la joven, consciente del talento de la niña y del calvario que vive a diario en su casa, la protege. La señorita Honey es la sobrina de la monstruosa señorita Trunchbull, que le ha robado su herencia y le ha condenado a vivir en una sórdida cabaña sin ningún tipo de comodidades.

LA SEÑORITA TRUNCHBULL

La señorita Trunchbull (en inglés, «to trunch» significa «golpear con una porra» y «bull» significa «toro») es la directora de la escuela, que dirige con mano de hierro. Se la describe como «una mujerona impresionante [...] [con] cuello de toro [...], [que] d[a] la impresión de ser una de esas personas que doblan barras de hierro y desgarran por la mitad guías telefónicas» (Dahl 1989, cap. *La Trunchbull*). Odia a los niños y los trata con una inaudita violencia. Es capaz, por ejemplo, de hacer volar por los aires a una niña agarrándola por las trenzas o de obligar a un niño a comerse una enorme tarta hasta que le siente mal. Es la tía de la señorita Honey, a la que le quitó la herencia de su padre y la llevó a la miseria. Gracias a la intervención de Matilda, desaparece de un día para otro del pueblo y le devuelve a su sobrina sus bienes.

EL SEÑOR WORMWOOD

El señor Wormwood es el padre de Matilda. «E[s] un hombrecillo de rostro malhumorado, cuyos dientes superiores sobresal[en] por debajo de un bigotillo de aspecto lastimoso» (Dahl 1989, cap. *El señor Wormwood, experto vendedor de coches*). Lleva chaquetas de colores llamativos, habla alto y es pretencioso. Vende coches de segunda mano y presume de manipularlos para venderlos más caros. No le hace caso a su hija y prefiere a su hijo, que quiere que se convierta en su sucesor y al que juzga inteligente. Profesa un verdadero culto a la televisión, delante de la que se tumba nada más llegar a casa, y desprecia los libros, afirmando que son completamente inútiles, excepto las revistas el *Autocar* y el *Motor*, que lee todas las semanas. Es un personaje vulgar tanto por su manera de pensar como por su forma de actuar: por ejemplo, recibe groseramente a la señorita Honey bajo el pretexto de que le está molestando en medio de su telenovela favorita cuando la joven acude a su casa para hablarle de Matilda.

LA SEÑORA WORMWOOD

La señora Wormwood es igual de vulgar que su marido. «E[s] una mujerona con el pelo teñido de rubio platino [...] muy maquillada» (Dahl 1989, cap. *El señor Wormwood, experto vendedor de coches*). Se pasa todas las tardes jugando al bingo y deja a Matilda sola en casa. Ni siquiera se molesta en cocinar para su familia, que cena todos los días delante de la santísima televisión con una bandeja en las rodillas.

CLAVES DE LECTURA

ESQUEMA ACTANCIAL

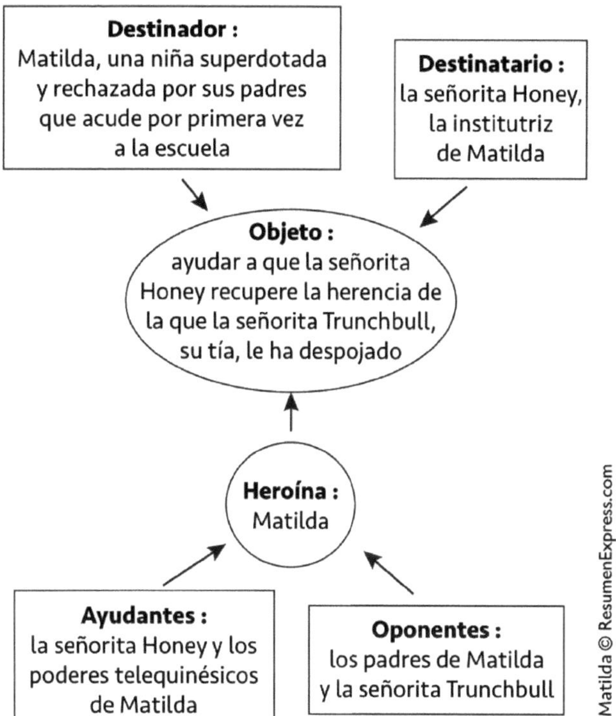

ESQUEMA NARRATIVO

Situación inicial: es el comienzo de la historia, el momento en el que se ofrece el contexto y se presentan a los personajes. La situación es equilibrada, es decir, no tiene por qué evolucionar.

- La pequeña Matilda, rechazada por sus padres, se refugia en los libros a pesar de contar con solo 4 años. Dotada de una inteligencia superior a la media, es menospreciada e ignorada por sus padres, mediocres y necios.

Elemento perturbador: se trata de un elemento que modifica la situación inicial y que va a desencadenar la historia propiamente dicha.

- Matilda empieza a asistir a la escuela y se da cuenta de que tiene poderes telequinésicos cuando la señorita Trunchbull, la sádica directora, visita su clase.

Peripecias: son los acontecimientos desencadenados por el elemento perturbador y que llevan consigo la o las acciones que realiza el héroe para resolver el problema.

- Su institutriz, por la que siente mucho cariño, le cuenta que es la sobrina de la señorita Trunchbull, y que esta ha expoliado la herencia de su padre. Matilda utiliza sus poderes para obligar a la directora a devolverle los bienes a la señorita Honey. La directora desaparece más tarde del pueblo, tras haberle devuelto a la institutriz su herencia.

Desenlace: pone fin a las peripecias y nos lleva a la situación final.

- Los padres de Matilda tienen que abandonar la ciudad

por culpa de la malversación del señor Wormwood.

Situación final: es el fin de la historia. La situación es nuevamente estable, tal y como la inicial, pero ha sufrido cambios.

- Aceptan que la niña se quede con la señorita Honey, para alegría de la institutriz y de Matilda.

UNA NOVELA JUVENIL

Además de los tradicionales cuentos para niños como los de Grimm o Perrault, los jóvenes lectores tienen a su disposición obras creadas específicamente para ellos: se trata de la literatura juvenil. Este tipo de obras se ha venido desarrollado considerablemente desde mediados del siglo XIX, cuando aparecieron obras como *Oliver Twist*, de Charles Dickens o *Sin familia*, de Hector Malot.

La literatura juvenil reúne a menudo las siguientes características, que aparecen también en *Matilda*:

- los relatos se centran en uno o varios niños. En *Matilda*, la atención de los jóvenes lectores se dirige a la niña superdotada y a sus compañeros de clase;
- como los personajes principales son niños, los jóvenes lectores pueden identificarse con ellos, ya que a menudo viven situaciones similares;
- en muchas ocasiones, los adultos son desvalorizados. En esta obra, el retrato que dibuja el autor de los padres de Matilda es especialmente feroz: son malvados, necios, mediocres y no quieren a su hija. Por su parte, se describe a la señorita Trunchbull como un monstruo, y esta se

comporta de forma sádica con los niños. La dulce institutriz, que logra que sus alumnos la adoren, es el único adulto que se libra;

* se abordan temas propios de la literatura juvenil. En *Matilda* encontramos varias temáticas, como la amistad, la solidaridad entre los niños (frente a los injustos castigos de la señorita Trunchbull, por ejemplo), los padres y las relaciones, en ocasiones tumultuosas, que tienen con estos. Los padres de Matilda odian literalmente a su hija y esta se venga gastándoles bromas, como cuando les hace creer que hay un fantasma en casa;

* las historias contienen una moraleja. Las obras destinadas a jóvenes buscan a menudo transmitir valores morales divirtiendo o emocionando al lector. En *Matilda*, el autor nos muestra que los malos siempre son castigados y que los buenos son siempre recompensados: la vil señorita Trunchbull se ve obligada a reparar el mal que ha causado y el corrupto vendedor de coches, el señor Wormwood, debe abandonar la ciudad cuando se descubre su tráfico de coches. Por su parte, Matilda y la señorita Honey podrán vivir felices;

* la escritura es atractiva para el público joven. Hay numerosos diálogos y la novela, relativamente larga, está dividida en capítulos cortos para que los jóvenes lectores no se cansen.

PARA IR MÁS ALLÁ

EDICIÓN DE REFERENCIA

- Dahl, Roald. 1989. *Matilda*. Ilustrado por Quentin Blake. Traducido por Pedro Barbadillo. Madrid: Alfaguara.

ADAPTACIÓN

- *Matilda*. Dirigida por Danny DeVito. Estados Unidos: Sony Pictures Home Entertainment, 1996.

ResumenExpress.com

www.resumenexpress.com

ISBN ebook: 9782806275035

ISBN papel: 9782806286444

Depósito legal: D/2016/12603/579

Cubierta: © Primento

Libro realizado por Primento*, el socio digital de los editores*